Ventes des Lundi 3 et Mardi 4 Mai 1880.

HOTEL DROUOT, SALLE N° 2

BEAUX BRONZES

FINEMENT CISELÉS & DORÉS

ET

TRÈS BEAU RÉGULATEUR

INCRUSTATIONS ÉCAILLE ET IVOIRE

PROVENANT

de la Maison J.-B. DELETTREZ, fabricant de Bronzes, à Paris

EXPOSITION PUBLIQUE

Le Dimanche 2 Mai 1880

DE UNE HEURE A CINQ HEURES

COMMISSAIRE-PRISEUR

M° CHARLES-PILLET

10, rue de la Grange-Batelière.

EXPERT

M. WAGNER FILS

2 bis, passage Vaucouleurs.

PARIS — 1880

CATALOGUE

DE

BEAUX BRONZES

FINEMENT CISELÉS, DORÉS & BRONZÉS

STYLES LOUIS XIV, LOUIS XV, LOUIS XVI, RENAISSANCE ET GREC

PENDULES, CANDÉLABRES, CARTELS

COUPES, FLAMBEAUX, STATUETTES, BUSTES, ETC.

Dont la vente aux enchères publiques aura lieu

PAR SUITE DE CESSATION DE FABRICATION DE LA

Maison J.-B. DELETTREZ, Fabricant de bronzes, à Paris

HOTEL DROUOT, SALLE N° 2, AU PREMIER ÉTAGE

Les Lundi 3 et Mardi 4 Mai 1880

A DEUX HEURES TRÈS PRÉCISES.

Par le ministère de **Me CHARLES PILLET**, Commissaire-Priseur,
10, rue de la Grange-Batelière,

Assisté de **M. WAGNER** fils, Expert, 2 bis, passage Vaucouleurs,

Chez lesquels se trouve le présent Catalogue.

EXPOSITION PUBLIQUE : le dimanche 2 mai 1880,

DE DIX HEURES A QUATRE HEURES.

CONDITIONS DE LA VENTE

La vente se fait au comptant.

Les acquéreurs paieront *cinq pour cent* en sus des enchères applicables aux frais

L'exposition mettant le public à même de se rendre compte de l'état des objets, il ne sera admis aucune réclamation une fois l'adjudication prononcée.

Paris. — Typ. Pillet et Dumoulin, 5, rue des Grands-Augustins.

DÉSIGNATION DES OBJETS

PENDULES AVEC CANDÉLABRES OU VASES

1 — Pendule, gaîne et vases, marbre noir et jaune de Sienne, bronze vert et or.

2 — Pendule, gaîne et vases, marbre noir et jaune de Sienne, nickel et or.

3 — Pendule égyptienne, sphinx et vases, marbre noir et bronze vert.

4 — Pendule étude avec candélabres, marbre noir et bronze patine.

5 — Pendule Liberté, avec candélabres, marbre noir et bronze patine.

6 — Pendule Charmeur, avec candélabres, marbre noir et bronze patine.

7 — Pendule à coupe, marbre noir, avec coupes lierre bronze.

8 — Pendule à colonnes marbre bleu turquin, dorure demi mat.

9 — Pendule style Henri II, avec candélabres, cuivre poli.

10 — Pendule à cariatides, avec vases à pieds de biche, dorure demi-mat.

11 — Pendule à consoles, avec candélabres, toute dorée.

12 — Pendule Vendange et Moisson, avec candélabres, marbre blanc, or et bronze.

13 — Pendule style rocaille, à buire, dorure au mat mercure.

14 — Pendule trophée, style Louis XVI, dorure au mat mercure et porcelaines.

15 — Pendule style Louis XVI, dorure au mat avec porcelaines.

16 — Pendule style Louis XVI, à fruits, dorure au mat mercure et porcelaines, avec brûle-parfums, porcelaine bleu foncé, dorure au mat mercure.

17 — Pendule Berger, dorée au mat mercure et porcelaines.

18 — Pendule Pompadour, avec dix-sept médaillons, porcelaine, dorée au mat mercure.

19 — Pendule Astronomie, marbre rouge antique, dorée au mat mercure.

20 — Pendule médaillon ovale, mouvement échappement visible et quantième perpétuel, avec candélabres dorés demi-mat au mercure.

21 — Grande Pendule, Les Muses, mouvement cercle tournant avec bouquet de lumières, dorure demi-mat au mercure.

22 — Pendule Chasse, avec candélabres, cors de chasse, dorure demi-mat au mercure.

23 — Pendule style égyptien, dorure demi-mat au mercure et poli.

24 — Pendule style Renaissance avec candélabres, quatre statuettes, Commerce et Industrie, Agriculture et Navigation, dorure demi-mat au mercure.

25 — Pendule statuette, Rêverie. Socle à volutes, marbre rouge antique, avec candélabres, Femmes à la fontaine, le tout dorure demi mat au mercure.

26 — Pendule style Louis XVI, à coupe avec bouts de table, porcelaines fond rose, dorure demi-mat au mercure.

27 — Pendule unie arrondie, avec porcelaines toute dorée or moulu.

28 — Pendule Rêverie, socle marbre rouge antique, avec candélabres, Femmes à la fontaine et flambeaux, sur marbre rouge, le tout vieil argent et dorure.

29 — Pendule à consoles, style Louis XVI, marbre griotte avec candélabres d'accompagnement et flambeaux, sur marbre griotte, le tout argenté et doré.

30 — Pendule Rêverie, sur marbre bleu turquin, avec candélabres buires, et flambeaux, le tout doré et argenté.

31 — Pendule régulateur style renaissance, mouvement échappement visible, avec candelabres d'accompagnement, le tout bronze vert et dorure.

32 — Pendule régulateur style renaissance, bronze frotté, mouvement échappement visible.

33 — Pendule à glaces, dorure or moulu, mouvement échappement visible à demi-secondes et quantième perpétuel.

34 — Pendule à glaces, dorure or moulu, mouvement échappement visible, à demi-secondes et quantième perpétuel.

35 — Pendule marbre noir et brocatelle avec buste Christ bronzé.

36 — Pendule tambour à rinceaux, marbre noir et vert, avec coupes rondes d'accompagnement.

37 — Pendule Rêverie n° 3, au bronze patine, socle marbre noir et griotte, avec coupes d'accompagnement.

38 — Pendule cheval de Marly socle marbre noir.

39 — Pendule rêverie, or et argent, socle et marbre noir.

40 — Pendule rêverie bronze vert et dorure, socle marbre noir et vert, gravure or, avec candélabres.

41 — Pendule Lion assyrien et sphynx, socle marbre noir, gravure or.

42 — Pendule trophée armures, marbre noir et platine.

43 — Pendule art tragique et lyrique, bronze frotté, socle cannelé.

44 — Pendule chasse sur marbre noir, avec candélabres, cor de chasse et coupes tête de lion, le tout en bronze vert.

45 — Pendule style égyptien, marbre noir, obélisque bronze vert.

46 — Pendule l'Inspiration sur marbre noir, avec candélabres d'accompagnement, le tout or et argent.

47 — Pendule demi-ronde marbre noir et rouge antique, avec griffes et bas-relief bronze vert.

48 — Pendule aigle supportant le globe terrestre, sur marbre noir, avec candélabres, le tout au bronze vert.

49 — Pendule à glands, sur marbre noir et rouge antique, avec coupes, le tout au bronze vert.

50 — Pendule marbre noir, médaillons porcelaine de Saxe, moulures dorées, avec candélabres à colonnes marbre noir.

CANDÉLABRES, VASES ET BUIRES

51 — Une paire candélabres, Peinture et Sculpture bronze patine.

52 — Une paire candélabres, vases bronze patine, pieds marbre.

53 — Une paire candélabres, cors de chasse au bronze vert.

54 — Une paire candélabres, femmes, au bronze patine, pieds marbre noir et griotte.

55 — Une paire candélabres au bronze vert, pieds marbre noir.

56 — Une paire vases Clodion argentés.

57 — Une paire vases Clodion, au bronze vert et dorure.

58 — Une paire vases, feuilles d'acanthe, style Louis **XVI**, au bronze patine.

59 — Un vase Cratère, doré et argenté.

60 — Un vase, style Louis **XIV**, au bronze patine.

61 — Un vase, style Louis **XIV**, au bronze vert.

62 — Une paire de vases argentés, sur pieds marbre bleu turquin, griffes et moulures argentées.

63 — Une paire buires à la chèvre, style Louis **XVI**, au bronze vert et dorure.

64 — Une paire buires à la chèvre, style Louis **XVI**, gravées, dorées et argentées.

65 — Une paire buires, style Louis **XVI**, au bronze frotté, les corps et les collets en marbre bleu turquin.

FLAMBEAUX ET BOUTS DE TABLE

66 — Une paire de flambeaux bronzés.

67 — Une paire de flambeaux bronzés.

68 — Une paire de flambeaux bronzés.

69 — Une paire de flambeaux bronzés.

70 — Une paire de flambeaux, style Louis XVI, à glands, dorés, or moulu.

71 — Une paire de flambeaux, style Louis XVI, à glands, dorés or moulu.

72 — Une paire de bouts de table, au bronze vert.

73 — Une paire de bouts de table au bronze vert, patins en marbre.

74 — Une paire de bouts de table platinés.

75 — Un bougeoir bronzé.

COUPES

76 — Une coupe, couvercle statuette Diane de Gabies, au bronze patine.

77 — Une coupe couvercle statuette Diane de Gabies, au bronze vert.

78 — Une coupe, couvercle statuette Diane de Gabies, bronze vert, pied marbre noir.

79 — Une coupe têtes de femmes, bronze vert et dorure, pied marbre noir.

80 — Une coupe têtes de femmes, au bronze vert.

81 — Une coupe, anses satyres, au bronze vert.

82 — Une coupe, anses satyre, au bronze vert.

83 — Une coupe, David devant Saül, au bronze.

84 — Une coupe, Mercure, n° 1, au bronze vert.

85 — Une coupe, têtes de lions et guirlandes, bronze vert et dorure.

86 — Une coupe, Mercure, n° 2, au bronze vert.

87 — Une coupe à feuillages et oiseaux, au bronze vert.

88 — Une coupe à feuillages et pommes de pin, au bronze vert.

89 — Une coupe, feuillages et pommes de pin, au bronze vert.

90 — Une paire de coupes, porcelaine bleu foncé, dorure mate au mercure.

91 — Une coupe, Diane de Gabies, dorée et argentée.

92 — Une coupe, Diane de Gabies, dorée et argentée.

93 — Une paire de coupes marbre noir.

94 — Une paire de coupes marbre noir, ornements en bronze vert.

95 — Une paire de coupes marbre noir et griotte, pieds ronds cannelés.

96 — Une paire de coupes, marbre noir et vert, pieds ronds cannelés.

97 — Une paire de coupes marbre noir, ornements bronze.

CARTELS

98 — Un cartel, style rocaille doré, or moulu, mouvement genre ancien.

99 — Un cartel rond à laurier, au vernis.

100 — Un cartel rond à laurier, avec baromètre métallique, au vernis.

101 — Un cartel à guirlandes style Louis **XVI**, au vernis.

102 — Un cartel style Louis **XV** à roses, au vernis.

103 — Un cartel à lauriers, style Louis **XVI**, au vernis.

LAMPES

104 — Une paire lampes style Louis **XVI**, au bronze patine, pieds marbre noir, système modérateur.

105 — Une paire lampes, étrusques bronze frotté pieds marbre noir et vert. Système modérateur à double courant d'air.

106 — Une paire lampes style grec, bronze frotté, pieds marbre noir et vert, système modérateur, à double courant d'air.

107 — Une paire lampes style grec, bronze florentin, pieds marbre noir et rouge antique, système modérateur.

108 — Une paire lampes boules cuivre verni, système Carcel.

GROUPES, STATUETTES

BUSTES ET PIÈCES DIVERSES

109 — Un groupe, joueuse d'osselets, au bronze patine.

110 — Un groupe, figure Astronomie au bronze patine.

111 — Un groupe, Amour discret, au bronze vert.

112 — Un groupe, figure Astronomie au bronze patine.

113 — Un groupe, Corinne, au bronze patine.

114 — Un groupe, Enfant au chien, au bronze patine.

115 — Un groupe, Lion assyrien, n° 1, au bronze vert sur marbre noir.

116 — Un groupe, Lion assyrien, n° 2, au bronze vert.

117 — Un groupe, Sphinx grec, n° 1, au bronze patine.

118 — Un groupe, Sphinx grec, n° 2, au bronze patine.

119 — Un groupe, Sphinx drapé, n° 1, au bronze vert.

120 — Un groupe, Sphinx drapé, ailé, n° 3, au bronze
vert.

121 — Un groupe, Sphinx, style Louis XIV, au bronze
fumée.

122 — Un groupe, Sphinx, style Louis XIV, au bronze
fumée.

123 — Deux groupres, Sphinx Maintenon.

124 — Un groupe, Lion couché guettant, au bronze
vert.

125 — Un groupe, Lion dormant, au bronze vert.

126 — Un groupe, Sphinx jambes croisées, plateau marbre.

127 — Un groupe, Sphinx jambes croisées, plateau cuivre,
au bronze.

128 — Une statuette, Minerve, dorée et argentée.

129 — Une statuette, Calderon de la Barca, au bronze
patine.

130 — Une statuette, Shakspeare, au bronze patine.

131 — Une statuette, Inspiration, au bronze vert.

132 — Une statuette, Rêverie, n° 2, au bronze patiné.

133 — **Une** statuette, Diane de Gabies, **au** bronze vert.

134 — Une statuette, Gladiateur, au bronze vert antique.

135 — Une statuette, Napoléon Ier, grand modèle.

136 — Un buste, Napoléon Ier, moyen modèle, au bronze patiné.

137 — Un buste Napoléon Ier, petit modèle, au bronze patiné.

138 — Un buste Louis-Philippe, au bronze patiné.

139 — Un buste Calderon de la Barca, au bronze patiné.

140 — Un buste Bréguet, au bronze patiné.

141 — Un buste Napoléon Ier, grand modèle, au bronze patiné.

142 — Un buste Breguet, au bronze vert.

143 — Un presse-papier Archer au bronze frotté, sur marbre noir.

144 — Un presse-papier Archer au bronze frotté, sur marbre noir.

145 — Un presse-papier Coureur au bronze frotté, sur marbre noir.

146 — Un presse-papier Coureur au bronze frotté, sur marbre noir.

147 — Une garniture de foyer, sphinx Louis **XIV**, vernie et bronzé.

148 — Une garniture de foyer Enfants, étude, style Louis **XIV**, toute vernie.

149 — Une paire bras de cheminée armures, vernie et boules marbre noir.

150 — Une corbeille style Louis **XVI**, au bronze patine.

151 — Une glace ovale, dorure demi-mate.

152 — Une glace ovale en vieil argent.

153 — Un porte-cigares, sur marbre.

154 — Un porte-cigares en bronze patine.

155 — Une sphère armillaire, tout doré or moulu.

156 — Une petite sphère armillaire, toute dorée, or moulu.

CURIOSITÉS

157 — Un très beau régulateur en marqueterie, écaille et ivoire; hauteur, 80 c. Mouvement de Paris à demi-secondes, échappement à chevilles, balancier à pyromètre, fait par M. Peupin. Avec socle, incrustations. — Pièce unique.

158 — Un bas-relief chimère ailée, sculpture sur pierre.

159 — Un groupe en biscuit de porcelaine. Figures des quatre saisons.

160 — Un groupe en biscuit de porcelaine. Sujet de chasse.

161 — Un groupe en biscuit de porcelaine. Sujet de chasse.

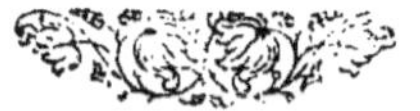

www.ingramcontent.com/pod-product-compliance
Lightning Source LLC
LaVergne TN
LVHW011026180726
843502LV00007B/2764